D1667651

Die kleine Anna und ihre Freunde

Text:
Simeon Marinković

Illustrationen:
Dušan Pavlić

Anna möchte mit ihrer
Freundin Caro spielen.

Caro möchte Anna etwas
Wichtiges sagen.

Caro kann ihre Schuhe noch nicht selber zubinden.

Caro ist gestolpert und hingefallen.

Anna hat Caro aus
Versehen geschubst.

Anna hat ihre Buddelsachen mit,
aber Caro hat ihre vergessen.

POPCORN

Im Park gibt es nur eine Schaukel.

Caro läuft mit matschigen Stiefeln über eine Parkbank.

Anna und Caro spielen zusammen, als Laurenz dazukommt.

Miau!

Caro hat Geburtstag.

Es ist schön, Freunde zu haben.

Freundschaften sollte man hegen und pflegen.

Kleine Tipps für die Erwachsenen

Sprechen Sie mit dem Kind über das Gelesene. Hören Sie geduldig zu, wenn es Fragen stellt, und versuchen Sie, diese so gut wie möglich zu beantworten. Antworten Sie nie mit: „Ich weiß nicht“. Fragen Sie: „Was glaubst du, was das bedeutet?“, um zu hören, was das Kind verstanden hat und was es davon hält. Das gemeinsame Lesen sollte Einsichten vermitteln, aber vor allem auch Spaß machen.

Die deutsche Ausgabe erscheint bei
Parragon Books Ltd
Queen Street House
4 Queen Street
Bath BA1 1HE, UK

Realisation der deutschen Ausgabe:
trans texas publishing, Köln
Übersetzung: Ronit Jariv, Köln
Lektorat: Ulrike Reinen, Köln

ISBN 978-1-4454-8234-7

Printed in China